LA
QUESTION SOCIALE

OU

Constitution de 1889

Par x x...

———

PRIX : **20** CENTIMES

———

LYON
IMPRIMERIE A. ALRICY

5, COURS LAFAYETTE, 5

—

1888

LA

QUESTION SOCIALE

OU

Constitution de 1889

Par x x...

PRIX : **20** CENTIMES

LYON

IMPRIMERIE A. ALRICY

5, COURS LAFAYETTE, 5

1888

QUESTION SOCIALE

ou

Constitution de 1889

———

Dissolution et révision ! tel est le cri général, telle est la solution qui s'impose.

Avouons franchement que la Révolution, à tous points de vue, a été funeste à la France.

Au lieu de perfectionner graduellement l'édifice bâti par nos pères, nous l'avons bouleversé de fond en comble, sans pouvoir le relever. Après avoir essayé de tous les systèmes pendant un siècle, nous sommes encore à la recherche d'une Constitution.

Si nous avons fait notre part du progrès qui naît de l'initiative privée et qui est commun à toutes les nations, politiquement nous avons retrogradé..

Par nos agressions nous avons provoqué la formation du militarisme européen, qui deux fois déjà nous a envahis et nous menace encore. Nous sommes coupables du sang de plusieurs millions d'hommes, sacrifiés sur les champs de bataille ou dans nos émeutes intestines. Au lieu de doubler de population comme les nations voisines, nous sommes restés stationnaires. En faisant l'unité Italienne et laissant faire l'unité Allemande nous avons changé la carte d'Europe, détrui nos frontières, créé deux puissances ennemies. Nous nous sommes fait battre et le vainqueur, après nous avoir dépouillés de notre or. et de nos deux plus belles provinces, nous a de plus rendus tributaires.

Tous ces maux nous ont tellement affaiblis que nous devons plus de trente milliards. De tous les peuples du Globe, c'est la France qui paie le plus d'impôts, 110 fr. par capitation, plus du double de la moyenne en Europe. Par suite nous avons le hideux paupérisme, celui que Victor Hugo et Louise Michel ont dépeint. Paris a 123.000 pauvres inscrits, sans compter les honteux. Il en est de même, proportion gardée, dans toute la France. A Lyon les Hospices, les Asiles, les Providences, les Petites-Sœurs-des-Pauvres, Albigny regorgent; partout des Dispensaires, des Fourneaux, partout l'aumône municipale.

Physiquement nous avons dépéri : on a abaissé deux fois la taille militaire et il n'y a plus qu'une moitié d'hommes valides. Moralement nous valons moins aussi, puisque la criminalité a décuplé, et que la loi récidiviste est devenue nécessaire.

---

(1) Le rapport des Fourneaux constate un demi-million de diners à 3 sous.

En 89 il y avait certainement des réformes ur-
gentes; néanmoins la situation n'était pas aussi gra-
ve.Nous n'avions ni un milliard de dette ni un milliard
d'impôt; le sol n'était pas ébréché ; nous n'étions ni
tributaires ni menacés; nous n'avions ni le paupérisme, ni la dépravation actuels. Pour tous le mot de
ralliement était: Dieu, Patrie! Aujourd'hui il est:
Athéïsme, Anarchie!

Il suffisait d'un seul homme, aidé de quelques amis,
pour nous gouverner, et d'une armée de 200.000
hommes pour nous protéger.

Aujourd'hui le Gouvernement se compose de
900 membres, appuyé par 200.000 fonctionnaires et
2 millions de troupes. Avec une pareille concentra-
tion, qui coûte au moins 2 milliards, nous sommes
malmenés et nous tremblons. C'est qu'alors on ser-
vait son pays par dévouement; aujourd'hui on vise
avant tout au fonctionnarisme. C'est là que se trouvent
les sinécures et les gros traitements: certains magistrats ont 40.000 fr., des Préfets 50, des Trésoriers
200. Quatre milliards de Budget n'y suffisent plus, il
reste un déficit de 300 millions.

Jadis, on avait seulement quatre impôts, la Taille
la Corvée, la Gabelle et la Dîme. La Taille s'appelle aujourd'hui *Fermage*, la Corvée *Prestation*,
la Gabelle qui ne touchait qu'au sel, *Régie*; seule la
Dîme qui était le plus équitable et qui n'atteignait
pas le pauvre a été supprimée. Au lieu de *quatre* on
en a bien maintenant *cinquante*. Le Français paie

pour exister, manger, boire, dormir, travailler, se reposer, lire, écrire, jouer, faire de la musique, pêcher, chasser, fumer, aller à cheval ou en voiture, vendre, acheter, hériter, toucher de l'argent, regarder par sa croisée, passer par sa porte, allumer son feu, se faire enterrer; puis le décime, le double-décime, le sou des écoles. On permet la traite des *Blanches*, on tire un revenu de la prostitution, on prend le 8 % sur les nippes du pauvre.

On n'a pas le droit de se nourrir sans permis, pas même de changer son vin de place. Ce que l'on appelle la Régie et les Octrois, c'est une armée de fonctionnaires, *Gapiands et Rats de caves*, campés nuit et jour sur nos routes, dans les gares, aux portes des villes. On vous arrête à pied ou en voiture, on perce vos tonneaux, on déguste les liquides, on fouille vos valises et vos poches, malheur à vous si vous avez un morceau de fromage !

Les liquides paient double droit, le premier pour changer de place, le second pour entrer en ville.

A Lyon c'est trois sous par litre, à Paris cinq, un sou par verrée. En fait d'équité, la piquette et le râpé paient autant que le Bordeaux, la *double* autant que le filet mignon; par conséquent le pauvre autant et plus que le millionnaire, le pays vignoble rien, l'acheteur tout.

Outre ces droits, la Régie a d'autres trucs: le Passavant, le Congé, la Licence, l'Exercice, le Portepôt.

Ce dernier exige 50 francs avant de vendre le premier litre.

Depuis dix ans, on a multiplié les trucs: on a permis le mouillage, puis on a fait la loi du vinage. Bien qu'on ne puisse créer une goutte d'eau, on a maintenant le pouvoir et le droit de faire du vin, de le vendre au prix du naturel, de porter atteinte à la santé du pauvre, à la condition que ce vin fuschiné paiera les mêmes droits, que le Beaujolais.

De même que pour notre alimentation, l'Etat s'occupe admirablement de notre for-intérieur. Il nous sert trois cultes: le *premier* nous fait attendre le Messie; le *second* affirme qu'il est venu et qu'il est parmi nous; le *troisième*, qu'il faut seulement en conserver un pieux souvenir. Avec les trois cultes il nous impose l'Instruction laïque et la morale civique, c'est-à-dire: il y a un Dieu, mais il ne faut pas s'en occuper et pratiquer la morale indépendante.

D'ailleurs, les principes de 89 sont variables. En 92 Robespierre à la tribune, affirmait l'existence de l'Etre-Suprême, plus tard la Convention abolissait le culte, supprimait le calendrier, créait les Décades, élevait des autels à la Déésse-Raison, faisait enlever le Pape de Rome et l'emprisonner à Valence. Aujourd'hui l'Etat se dit Athée: Il nous fait pratiquer trois cultes, nie le surnaturel, patronne la morale indépendante, répare les Eglises, laïcise les hôspices, supprime le traitement des vicaires, fait prier pour la République, enterre à la *chien*, quelques-uns de ses Grands-Hommes,on élève d'autres avec les dieux au Panthéon. De plus, il a peur: il a peur du Pape, du Syllabus, des Encycliques, des Mandements, du prône des Curés, des processions, des Jésuites, des Cercles Catholiques, il a le *delirium tremens*.

Les mêmes principes qui ne peuvent faire les bons législateurs,ne font pas davantage les diplomates et les guerriers. On a guère vu clair quand on a fait l'Unité-italienne, qu'on s'est fermé les portes de Rome,abandonné l'Egypte, fait la guerre de 70. Les trois chefs principaux y ont joué un rôle piteux: le premier a capitulé à Sedan, le second a trahi à Metz, le troisième qui s'était imposé Généralissime, s'est toujours tenu caché. Puis on a fini par une paix honteuse: *cinq milliards*, le morcellement et un traité qui nous rend tributaires. Dans la suite pour se disculper, on a dit que c'était la guerre des Curés, et que le cléricalisme c'était l'ennemi, puis on est couru sus aux Religieux.

Maintenant on en a meilleure opinion, on croit que la patrie ne peut se relever qu'avec le concours des Missionnaires, des Séminaristes, des Instituteurs,suivis de leurs élèves, les Bataillons scolaires. Avec cela le Parlement nous fait chanter la Marseillaise, Que nous soyons à un concours ou à une fête de fillettes, c'est toujours le cri: Aux armes, le canon, les Bataillons, la Tyrannie,les Egorgements, le Sang-impur, tam, tam, tam.

Au-dehors comme au-dedans, ces cris tapageux ne nous ont guère servis. Les Russes s'étendent en Asie, les Allemands peuplent l'Amérique, les Anglais sillonnent les mers et créent partout des comptoirs; le Français s'étiole faute de direction. Depuis 60 ans que nous avons l'Algérie, on n'a pas su en tirer parti. Si on y avait déversé seulement la moitié des millions d'hommes et des milliards d'argent que nous avons follement sacrifiés, nous y aurions maintenant un empire, s'étendant de Gibraltar à la mer Rouge, et séparé seulement de la Métropole par un lac.

Au lieu de cette réalité possible, l'étranger qui y compte deux millions sur trois de population, n'attend que le moment favorable pour nous en chasser, comme il nous a chassé de l'Egypte, après qu'un Français en a eu creusé le canal.

Qu'un autre Français, un clérical celui-là, viennent maintenant prêcher une croisade contre l'esclavage, il peut espérer quelques secours de la charité privée, mais il n'a rien à attendre de notre Marseillaise. Ce n'est pas la Révolution, ne sachant pas profiter d'une porte ouverte, qui d'une peuplade barbare en aurait fait la France de 89; elle n'a su que détruire. Quand on songe que Rome était pour la France une villa, et que l'entrée nous en est à tout jamais fermée ! n'était-il pas plus facile de commander dans la Méditerranée qu'au delta Tonquinois ?

C'est surtout sur la classe ouvrière que retombent les maux d'une nation, c'est toujours au pauvre la besace. Si les impôts sont lourds, la vie chère, la société troublée, les lois iniques; si le pouvoir forfait à ses devoirs,c'est le pauvre qui en est la principale victime. Le riche, quoique atteint, a des compensations; il se rattrape sur les loyers, les salaires, le prix de ses produits. Par sa position il échappe facilement à l'instruction laïque, aux bataillons scolaires, à la loi du vinage, à l'hospice sans prêtre. Toutes ces choses sont pour le pauvre; ainsi le veut l'agence infernale appelée Franc-Maçonnerie, la même qui fait du ministère des Cultes, un bureau de placement et d'équipement pour le Clergé.

Comme il n'y a pas de peuple qui paie autant d'impôts que la France, il n'y a pas d'ouvrier qui travaille autant que l'ouvrier Français. C'est le grand fabricateur, l'ouvrier,quoique le plus faible, des autres nations. Celles-ci se dédommagent par des traités à leur avantage. C'est ainsi que nous avons cinq milliards d'importations et quatre seulement d'exportations:

Sous prétexte de liberté, la Révolution en détruisant les Corporations,a livré l'ouvrier,pieds et poings liés, à l'exploitation. Elle a mis aux prises le fort contre le faible, le capital contre l'indigence. Aujourd'hui, on fait travailler l'ouvrier comme on veut, quand on veut et pour ce que l'on veut, le jour, la nuit, les Dimanches et fêtes, deux mois sans relache, trois mois de chômage. Un patron lui rogne 10 centimes, un second 15, un troisième 25; c'est un encan

au bas prix. La femme, à Lyon, travaille 15 heures
pour gagner un franc, le tisseur habile trente-cinq
sous en moyenne. Il en est de même dans toute la
France,pour la confection si multiple des tissus. Il en
sera ainsi, tant qu'on maintiendra le faux principe
de l'offre et de la demande, principe adopté par
l'usurier qui prête à un taux d'autant plus élevé
qu'on a plus besoin de son argent.

Balançoires! les prud'homies, les syndicats, la
fraternité, les grèves, le socialisme. La prétendue
fraternité qui permet aux étrangers, même les plus
tarés, de venir étudier et s'approprier nos moyens
techniques; les grèves, où le pouvoir n'intervient
avec la force armée que pour prolonger l'agonie du
patient. Que peut contre le millionnaire l'homme qui
n'a rien? Le socialisme ouvrier dont on nous effraye
est également une chimère. Au-dessus de lui,il y a le
socialisme capitaliste qui régit tout et dispose de tout.
Il n'est pas jusqu'au progrès mécanique, jusqu'à la
force motrice qui ne soit contre l'ouvrier. Est-ce que
quatre hommes, à l'aide de la vapeur ne transporte-
ront pas en un jour un poids plus lourd que cent
hommes à l'aide de cent chevaux en une semaine? et
ces prix de transports n'iront-ils pas grossir la caisse
d'une compagnie, au lieu d'être répartis à un millier
de familles? Il est peu de travaux qui ne soient exé-
cutés par la force motrice: on coupe, on polit, on
mortaise, on tisse, on transporte tout,jusqu'à la pen-
sée; l'ouvrier lui-même n'est plus qu'une machine

intelligente qu'on fait mouvoir à volonté, sans même la nettoyer,ni la graisser.

Ne le voit-on pas chaque dimanche sortir d'un puits, d'une usine,ou sur un échafaudage, ou remuant quelques déblais.Pendant que ses maîtres, richement parés, s'en vont aux fêtes, lui, l'homme lige doit travailler pour les enrichir; ainsi le veut notre Parlement.

Le moindre mal qu'on lui fait, c'est de l'enfermer par centaine dans une usine, au bénéfice d'une Compagnie. Là, il vivra au jour le jour condamné au célibat, ou s'il se marie, il devra ne pas avoir d'enfants qu'il ne pourrait élever. Aussi la famille baisse en raison de la misère. Elles sont nombreuses à Lyon, celles qui sont forcées de se disperser pour se procurer un morceau de pain.

A ce tableau si vrai,quoique si imparfait joignez-y, si vous le pouvez, la somme de ses souffrances morales.

Pour comble de dérision, on fait entendre à l'ouvrier que son émancipation date de la prise de la Bastille, que sans la Révolution il serait esclave, que la Religion n'est qu'une fable, qu'il n'y a rien au-delà de la tombe, que c'est tant pis pour celui qui ne peut se procurer les jouissances de la vie.Avec ça on lui dit qu'il est souverain, que c'est par lui,ou en son nom que se font les lois, que sous la belle devise dans ce siècle de progrès et de lumière, il est à l'apogée de ses destinées.

Oui, il est souverain ! pour arroser les émeutes de son sang.

Souverain ! mis en prison pour avoir volé un morceau de pain, tandis que ses supérieurs n'y vont pas pour avoir volé des millions.

Souverain ! pour boire la fuschine, travailler 15 heures par jour pour gagner 2 fr., tandis que la plupart des fonctionnaires en gagnent 20 à ne rien faire, ou à faire le mal.

Souverain ! qui paie patente pour vendre des cerises et de l'herbage, tandis que des milliards de revenus ne paient pas un centime.

Souverain ! dont la parcelle de terrain paie le 6 % de mutation, lorsqu'à la bourse, la même somme paie 4 sous.

Souverain! qui nourrit le gibier, à la condition de ne pas y toucher, et de supporter les meutes de chiens qui saccagent ses récoltes.

Souverain! pour faire à deux fr. les journées de prestation.

Souverain ! pour être à bout de forces à quarante ans, et aller finir ses jours dans un hospice.

Souverain! auquel la mauvaise presse donne la berlue et qui, ayant tous les atous en mains, se refuse à gagner la partie, faute de nommer trois cents Députés, doués de bon-sens.

La vérité est que le mal, comme l'eau, découle des sommités et que les foules en sont victimes.

La révision n'est point l'œuvre d'un parti, mais de la Nation entière. Elle ne doit avoir d'autre but que d'améliorer le sort de ceux qui souffrent, d'extirper le mal et de ressusciter la France. Il n'y a que les pervers qui puissent ne pas la vouloir.

Cette amélioration ne dépend ni d'un homme, ni de la forme de Gouvernement, elle est toute dans les principes. Ces principes sont antérieurs à ceux de 1789 ; ils sont immuables et éternels.

Dieu, en créant l'homme, lui a donné la lumière nécessaire pour atteindre sa destinée. Il lui a d'abord donné la raison, puis le décalogue, plus tard encore l'Evangile ou Chistianisme. Ces trois flambeaux, quoique distincts et donnés à l'humanité à des époques éloignées, sont parfaitement en harmonie, se complétant l'un par l'autre, en sorte que si nous, les derniers venus, nous tergiversons, nous sommes moins excusables que nos devanciers. Un exemple : Ma raison dit : Ne pouvant rien créer moi-même, je dois mes hommages à Celui qui a fait toutes choses; le Décalogue : Un seul Dieu tu adoreras ; l'Evangile: *Je suis la voie, la vérité, la vie.* Un second . Ma raison : *Ne fais pas à autrui ce que tu ne voudrais pas qu'il te fût fait ;* le Décalogue : *Le bien d'autrui tu ne prendras ;* l'Evangile : *Aimez-vous les uns les autres , comme je vous ai aimés moi-même.* Un troisième. Ma raison : *Les sinécures et les gros traitements sont des vols ;* le Décalogue: *L'argent d'autrui tu ne convoiteras, ni receleras pour le posséder injustement ;* l'Evangile : *En vé-*

rité je vous le dis, les orgueilleux, ni les avares, ni les impudiques, ni les voleurs n'entreront dans le royaume des Cieux.—

Ainsi en est-il de tout le reste. A cette triple lumière il n'est pas de question qui ne puisse être résolue, et hors de laquelle ajoute l'Eglise, il n'y a de salut ni pour l'individu, ni pour la famille, ni pour la société. Donc il ne peut y avoir de bonne constitution que celle qui se rapprochera de ces grands principes, et elle sera d'autant meilleure, qu'elle les fera observer davantage.

Pour ne pas porter atteinte à notre liberté et nous laisser le mérite d'avoir accompli sa loi, Dieu, qui est éternel, n'y a pas attaché une sanction immédiate. Mais il n'en est pas de même d'une nation ; étant périssable, elle a besoin d'être protégée contre les méchants. On peut affirmer, avec preuve à l'appui, qu'il n'y a ni un homme, ni une forme de Gouvernement qui soit une garantie suffisante. Donc, il nous faut une Constitution qui soit avant et au-dessus de tout pouvoir ; un rempart contre les dérèglements de toutes sortes ; une Arche-Sainte sur laquelle nul profane ne devra porter la main.

Il faut qu'à l'avenir, du haut en bas de l'échelle sociale, tout fonctionnaire ou candidat, fut-il roi, empereur ou président, fasse le serment suivant :

« Je jure devant Dieu et devant les hommes d'être
« fidèle à la Constitution et de la défendre au péril
« de ma vie. »

Cette Constitution sur laquelle la nation entière sera appelée à se prononcer, soit directement: soit indirectement, se formule ainsi:

LIBERTÉ

ARTICLE PREMIER. — Pour tous liberté, de tout faire, excepté le mal.

ART. 2.— Nul ne sera mis hors de chez lui, ni du territoire sans avoir passé en jugement.

ART. 3.— Toute personne majeure peut disposer librement de sa personne et de ses biens : de sa personne en vivant isolément, en famille, en société, en communauté, selon qu'il lui plaira ; de ses biens en en disposant à son gré, si elle n'a ni Enfant, ni Père, ni Mère.

ART. 4.— L'Etat a le devoir de garantir les biens et les droits de chacun.

CULTES

ARTICLE PREMIER.— L'Etat ne dirige plus les consciences ; le ministère des cultes est supprimé.

ART. 2.— Chaque culte forme une société distincte, ayant droit de personne civile, s'administrant et vivant de sa propre vie.

ART. 3.— Les édifices occupés ou ayant apparte-
nus à chacun des cultes lui feront retour ; il
lui sera payé en plus une rente annuelle, au 2 & $^1/_2$ %
de tous les biens qui lui ont été pris.

ART. 4.— Il ne sera payé, ni à l'Etat ni aux Cultes,
aucune rétribution pour les enterrements ordinaires,
les morts n'étant plus contribuables et la terre ne se
refusant pas à recevoir leur dépouille.

INSTRUCTION

ARTICLE PREMIER.— L'Instruction sera univer-
selle et la morale chrétienne.

ART. 2.— Toute personne majeure, de bonne vie
et mœurs, ayant le diplôme de bachelier ou le brevet
de capacité, a le droit d'enseigner.

ART. 3.— Les Instituteurs laïques et Congréganis-
tes seront traités sur le même pied.

ARMÉE

ARTICLE PREMIER.— A part la revendication de l'Alsace-Lorraine qui doit faire l'étude constante de nos hommes d'Etat, l'épée de la France ne servira plus à des guerres de conquête, mais uniquement à la défense du Droit-des-gens.

ART. 2.— L'Armée sera, autant que possible, composée de volontaires qui en feront leur carrière; tout engagement quinquenal donne droit, à l'âge de 50 ans, à 100 fr. de pension.

ART. 3.— A l'ordinaire du soldat il sera ajouté 50 centilitres de vin, de bière ou de cidre, selon la région.

Le Dimanche, ni exercice ni revue.

ART. 4.— Tout Français valide devra apprendre l'exercice; les Instituteurs et les Séminaristes, dans leurs écoles respectives, seront formés au service des infirmeries et ambulances; mais ils ne seront appelés sous les drapeaux, qu'au cas où leur présence serait indispensable.

ART. 5.— Les Bataillons scolaires, institution puérile, n'étant composés que d'enfants pauvres, seront supprimés; aucune instruction militaire ne sera donnée avant quinze ans; la Marseillaise sera remplacée par un *Chant de paix*, mis au concours.

JUSTICE

ARTICLE PREMIER.— Tous les Magistrats ou Officiers publics sont responsables de leurs actes.

ART. 2.— Tous les frais d'un jugement, annulé ou réformé contradictoirement, seront supportés par le Juge qui l'aura rendu ; il en sera de même pour tout acte illégal à l'égard de celui qui l'aura fait.

ART. 3.— La prévention sera dédommagée s'il n'y a pas culpabilité, ou bien elle diminuera d'autant la peine infligée au coupable.

ART. 4.— Les Juges, quoique payés par l'Etat, seront indépendants ; ils seront nommés : les Juges-de-Paix par les Maires et les Légistes du canton; les Juges du Tribunal par les Juges-de-Paix de l'Arrondissement; la Cour par les Juges des tribunaux qui en ressortent, ainsi de suite jusqu'au plus haut degré de la hiérarchie.

ART. 5.— Les lenteurs de la Justice étant une cause de chicanes et de ruine, toute action devra être tranchée dans les trois mois qui suivront la demande.

TRAVAIL

ARTICLE PREMIER. — La journée de travail effectif pour tout ouvrier, employé, et pour toute journée faite hors de chez soi, ne dépassera pas dix heures.

ART.2 — Chômage complet les dimanches et fêtes, la petite vitesse sera supprimée,les chantiers,ateliers et magasins seront fermés.

ART. 3 — Sont exceptés les établissements d'approvisionnement et de consommation, les Postes et Télégraphes, le transport des voyageurs par eau, voitures et voies ferrées.

ART. 4 — Pour ces diverses opérations les employés devront être doublés, de manière à ne faire qu'une demi-journée.

ART. 5 — Les restaurants, cafés, théâtres, bals, cercles, et tous autres établissements publics seront fermés tous les jours avant onze heures.

ART. 6 — Sont exceptés les Hôtels pour voyageurs.

SALAIRE

ARTICLE PREMIER. — Le salaire pour toute journée, faite hors de chez soi à partir de vingt ans, ne sera pas inférieur à 4 fr.pour les hommes,et 2 fr. 50 pour les femmes.

Art. 2 — Chez soi le salaire, gagné pour le compte d'autrui, ne devra pas être inférieur à 3 fr. pour les hommes et 2 fr. pour les femmes.

Art. 3 — Pour arriver à ce résultat, une commission mixte composée de patrons et d'ouvriers dans chaque profession et spécialité, fixera le tarif, de manière que si l'ouvrier ne peut faire que deux mètres, de n'importe quel travail, ils lui soient payés 1 fr, 50 le mètre et à l'ouvrière 1 fr.

Art. 4 — Ces tarifs devront être révisés tous les cinq ans, pour être diminués ou augmentés selon la cherté de la vie.

Art. 5 — Liberté complète reste au patron de donner ou de ne pas donner du travail, à l'ouvrier de l'accepter ou de le refuser; mais toute grève et tout différend se trouvent écartés.

Art. 6 — Il est évident que le minimum de 4 fr. pour le travail ordinaire n'implique pas que celùi d'art ou de peine excessive ne doive être rétribué davantage ; mais c'est toujours aux commissions qu'il appartient d'en régler les conditions.

Art 7 — Toute personne, employée ou occupée hors de chez elle, sera munie d'un livret, visé au moins une fois l'an.

Art. 8 — Tout étranger, excepté les criminels, a droit de séjour en France; mais il ne sera donné ni emploi, ni travail à aucun. L'infraction à la loi, sera passible par le patron d'une amende triple du salaire.

DIME

Article Premier. - La multiplicité des impôts est remplacée par un impôt unique de dix % sur le revenu.

Art. 2 - Est compris dans cette catégorie le revenu payé par l'Etat, le Département, la Commune, les Banques, Assurances, Compagnies - Anonymes, Dividendes, Hypothèques, Baux, loyers et généralement toutes les valeurs cotées à la Bourse.

Art. 3 - Est excepté le revenu des simples promesses et des effets de commerce.

Art. 4 - Est aussi excepté le revenu ou bénéfice réalisé par le travail personnel ou en famille.

Art. 5 - Pour atteindre le revenu réalisé avec le concours d'autrui et aussi pour remplacer la patente, la prestation, les cotes personnelles, foncières, mobilières, les portes et fenêtres, il sera perçu un droit de capitation de cinq francs par mois, ou cinquante francs par an, pour chaque associé, domestique, ouvrier et employé au service d'un maître, d'une Société ou d'une Compagnie.

Art. 6 - Les corporations religieuses, étant de véritables familles, n'ayant ni commerce, ni exploitation, ne seront soumises à ce droit que pour les domestiques et ouvriers qu'elles occuperont.

Art. 7 - Il sera aussi perçu un droit fixe sur chaque tête de bétail ; ce droit sera réparti de 1 à 10 fr.

RÉGIE

ARTICLE PREMIER - La régie et les octrois sont supprimés.

ART. 2 - La régie est remplacée par un droit, à la charge du propriétaire, de 5 % sur la valeur moyenne du vin, reconnu aussitôt qu'il est encavé. Il en est de même pour les alcools et la bière.

ART. 3 - Les Octrois, ou plutôt les frais d'entretien d'une ville, seront supportés par tous les habitants, en raison du prix du loyer, sans dépasser le 10 %.

CHASSE

ARTICLE PREMIER. - Tout propriétaire ou fermier a le droit, sans rétribution, de tuer le gibier sur la propriété qu'il travaille, en se conformant aux prohibitions en usage.

ART. 2 - Nul n'a le droit de chasser sur la propriété d'autrui sans permission, ni en dehors de la commune qu'il habite.

ART. 3 - Les chiens de chasse de toutes espèces sont frappés d'un impôt de 500 fr ; ceux de luxe de 20 ceux de la troisième catégorie de 10 ; sont exceptés les chiens d'aveugles.

MONT-DE-PIÉTÉ

ARTICLE PREMIER – L'intérêt sur nantissement ne dépassera pas le 3 %, ; il ne sera que de 1 fr. 50 pour les sommes au dessous de 10 fr.

MŒURS

ARTICLE PREMIER - Toutes ces malheureuses, tenues enrégimentées sous les ordres d'un infâme exploiteur, seront mises en liberté et recueillies dans un établissement convenable où elles seront soignées, tant qu'elles voudront y rester.

ART. 2 - Celles qui voudront mener mauvaise vie devront le faire isolément, sans affiliation ni subordination.

ART. 3 - Tout homme vivant en concubinage est privé de ses droits civiques.

MUTATION

Les droits de mutation par succession sont abolis ; ils sont maintenus pour les ventes et les donations, sans toutefois dépasser le 5 %.

ECONOMIE

ARTICLE PREMIER. - Les sinécures sont supprimées, y comprise la police à cheval et la police secrète pour l'opinion.

ART. 2 - Les sous Préfectures et les Conseils d'Arrondissements sont supprimés, de même que les Tribunaux qui n'ont pas au moins une cause à juger par jour.

ART. 3 - La représentation qui est actuellement de 900 membres sera réduite à 500 : 300 Députés et 200 Sénateurs. Toute absence du Parlement, non motivée, ne sera pas rétribuée.

ART. 4 - Le recouvrement des impôts étant changé, les Percepteurs deviennent inutiles.

ART. 5 - Le chef de l'Etat aura un million et les ministres 50,000.fr. Tous les autres fonctionnaires auront de 1,200 et 12,000 fr. sans dépasser cette somme.

ART. 6 - Les pensions ne dépasseront jamais la moitié du traitement.

ART. 7 - Plus d'emprunts, ni d'impôts, ni aucune entreprise par l'Etat ou les communes, sans avoir l'argent en caisse.

ART 8 - A part le *Moniteur*, organe du Gouvernement, la presse ne sera plus rétribuée, ni les Conseillers Généraux et Municipaux.

ART. 9 - Les Ministères seront réduits d'un tiers.

AGIOTAGE

ARTICLE PREMIER - L'Etat qui se charge de diriger les âmes dans la voie du Salut, ne doit pas permettre à de mauvais Citoyens de spéculer sur la ruine de leurs voisins pour s'enrichir.

ART. 2 - Les transactions à la Bourse, à terme comme au comptant, paieront 3 % de droit de mutation.

DROITS RÉSERVÉS

ARTICLE PREMIER - De tous les impôts existants sur le papier, sucre, allumettes, timbres pour factures, bouilleurs, et autres, il ne restera à l'Etat que l'Administration des Postes et Télégraphes, la Régie du tabac et des poudres, les droits de mutation et d'Enregistrement.

ART. 2 - Les droits de Douane à la frontière sont aussi de sa compétence ; nos traités de Commerce devront être faits au mieux de nos intérêts.

DÉDOMMAGEMENT

Les nombreux fonctionnaires qui seront sans emploi par suite du vote de ces lois, seront pensionnés en raison des services rendus, en prenant pour base la somme de 600 à 6,000 francs.

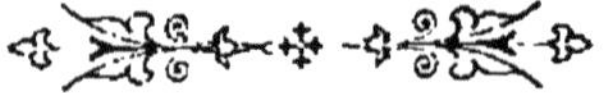

CONCLUSION

De cette Constitution si simple et, partant, si praticable, il serait difficile de dire tout le bien qui en résultera. D'abord chaque individu retrouvera sa liberté d'action ; on ne sera plus à la merci de décrets et de révolutions. On n'aura plus à la tête des cultes un Grand-Prêtre athée; qui s'adjuge à lui seul 60,000 fr. tandis qu'il donne ou supprime à volonté 600 fr., à un vicaire.

Chaque Culte s'ingéniera à faire le plus de bien possible à l'humanité souffrante ; le dévouement du prêtre et de la sœur de Charité ne sera plus entravé.

L'armée redeviendra une école de bravoure et de dévouement ; le soldat pauvre ne sera plus condamné à ne boire que de l'eau, et son sang ne sera plus versé pour des folles aventures

La Justice cessera d'être vénale et valetaille. L'instruction ne dépendra plus de l'habillement du professeur; la concurrence en élargira les limites, et la morale, de citoyenne changeante, restera immuable.

Le fonctionnarisme réduit au stricte nécessaire en nombre et en émoluments, redeviendra, ce qu'il doit être, une carrière de dignité et de dévouement.

L'ouvrier, tout en restant dans sa condition, pourra manger du pain sans être humilié par l'aumône municipale ; il retrouvera le repos du Dimanche et le calme de la nuit, il sera préféré à l'étranger, sans qu'il soit porté atteinte au droit-des-gens.

Le paupérisme disparaitra pour ne laisser place qu'à la pauvreté accidentelle, celle qui ne dégrade pas, mais qui honore et celui qui la supporte et celui qui la soulage. L'orpheline, pauvre ou dévoyée, n'aura plus d'excuse à sa dégradation, puisqu'elle aura une planche de salut. Le budget ne sortira plus des sueurs du pauvre, mais du revenu général ; la famille base et principe de la nation, sera reconstituée.

On pourra fermer la moitié des tribunaux, la moitié des bastilles et mettre à la retraite la moitié des fonctionnaires. Rien qu'à Lyon six hommes, un par Arrondissement, remplaceront tous les employés d'Octrois, et dans chaque canton vignoble un Inspecteur, accompagné du Garde-Champêtre et d'un répartiteur, remplacera toute la Régie. La Dîme, unique impôt, ne sera pas réclamée aux particuliers, mais aux Compagnies et à l'enregistrement.

Au lieu de quatre milliards de Budget, nous n'en aurons plus que deux, et la cherté de la vie diminuera d'un tiers.

Le capital sera garanti et l'honneur de la France sera sauvé.

En résumé, instruction laïque, morale, civique, divorce, traite des blanches, usure sur les haillons du pauvre, vol de salaire, agiotage, krac, paupérisme, cosmopolitisme, vinage, Octroi, Régie, sinécures, traitements énormes, trafics de décorations, tous ces maux, issus de la Révolution, disparaitront, en vertu du Décalogue, pour faire place à autant de biens.

Le jour où la France acceptera cette Constitution sera le jour de sa résurrection.

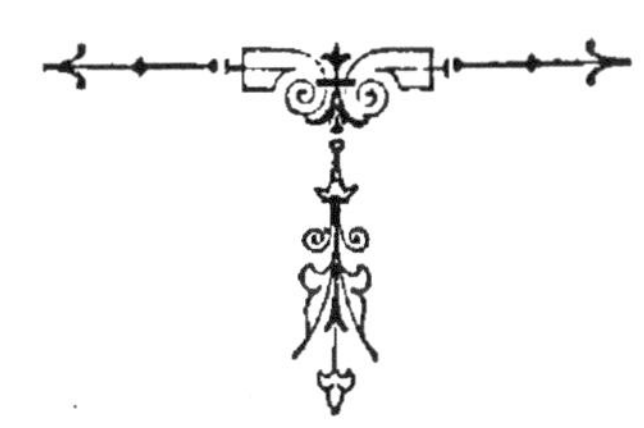